LES PETITS LIVRES DE M. LE CURÉ.

Bibliothèque du Presbytère, de la Famille et des Écoles.

HISTOIRE
DE BELGIQUE,

PAR

M. EDWARD LE GLAY.

Quatrième Partie.

PAUL MELLIER, ÉDITEUR,
PLACE SAINT-ANDRÉ-DES-ARTS, 11.

centimes broché; **35** centimes cartonné.   55

LES
PETITS LIVRES DE M. LE CURÉ,

BIBLIOTHÈQUE
du Presbytère, de la Famille et des Écoles.

—◆—

PETITE HISTOIRE
DE BELGIQUE,

Depuis les premiers temps jusqu'à nos jours,

PAR

Edward LE GLAY,

Auteur de l'Histoire des Comtes de Flandre.

◉

QUATRIÈME PARTIE.

PARIS,

PAUL MELLIER, LIBRAIRE-ÉDITEUR,

PLACE SAINT-ANDRÉ-DES-ARTS, 11.

1845

Approbation de Mgr l'Archevêque de Paris.

DENIS-AUGUSTE AFFRE, par la miséricorde divine et la grâce du Saint-Siége Apostolique, Archevêque de Paris.

MM. Plon et Paul Mellier, éditeurs, ayant soumis à notre approbation les ouvrages ci-dessous indiqués, faisant partie d'une collection ayant pour titre : LES PETITS LIVRES DE M. LE CURÉ, BIBLIOTHÈQUE DU PRESBYTÈRE, DE LA FAMILLE ET DES ÉCOLES, savoir : *Petite Histoire de Belgique*, tomes 3 et 4; *Vie de saint François de Sales*, 1 vol.; *l'Espiègle d'Anvers*, 1 vol.; *la Famille du Pêcheur*, 1 vol.; *Une jeune Fille du Peuple*, 1 vol.; *le Bon Curé Bénédict*, 1 vol; *les Histoires de mon oncle Samuel*, 1 vol.; *le Marchand de Statuettes*, 1 vol.; *les Papillons et les Enfants*, 1 vol.; *le Bon Génie*, 1 vol.; *Annette et Joseph*, 1 vol., *Marco Visconti*, 1 vol.; *l'Orphelin*, 1 vol.; *le Vrai Trésor*, 1 vol.; *Histoire des principales Églises de Paris*, 1 vol.,

Nous les avons fait examiner, et, sur le rapport qui nous en a été fait, nous avons cru qu'ils pouvaient offrir aux personnes auxquelles ils sont destinés une lecture intéressante et sans danger.

Donné à Paris, sous le seing de notre Vicaire-Général, le sceau de nos armes et le contre-seing de notre Secrétaire, le vingt-deux janvier mil huit cent quarante-cinq.

F. DUPANLOUP, *Vicaire-Général.*

Par Mandement de Monseigneur
l'Archevêque de Paris :

E. HIRON, *Chanoine honoraire, pro-secrétaire.*

IMPRIMÉ PAR PLON FRÈRES, A PARIS.

PETITE HISTOIRE
DE BELGIQUE.

V.

La Belgique depuis Charles-Quint jusqu'à nos jours. (*Suite.*)

(De 1500 à 1830).

Le successeur de don Juan fut Alexandre Farnèse, duc de Parme, fils de cette archiduchesse Marguerite sous laquelle avaient éclaté les premiers troubles. Alexandre avait déjà combattu en Belgique à côté de son malheureux parent ; et celui-ci, au moment d'expirer, l'avait désigné pour prendre le commandement de l'armée royale. Le duc de Parme justifiait cette préférence. Quoiqu'il fût jeune encore (il avait le même âge que son oncle don Juan), aucun des vieux généraux espagnols ne lui était supérieur à la guerre ou dans les conseils. A la différence de don Juan, il avait peut-être plus de talents que de vertus.

Farnèze profita avec habileté de la division qui régnait chez ses ennemis, et se tint d'abord sur la défensive avec trente-deux mille hommes qu'il avait réunis dans les provinces de Namur et de Luxembourg, les seules qui fussent restées fidèles à l'autorité royale. Bientôt le duc d'Alençon, jaloux du comte palatin, rentra brusquement en France; Jean-Casimir regagna l'Allemagne avec ses soldats, et l'archiduc Mathias, manquant de troupes et d'argent, se vit contraint à une neutralité absolue.

Mais le prince d'Orange s'agitait toujours. Après avoir vainement cherché à comprimer les factieux de Gand, il travailla à négocier une alliance étroite entre les États de Hollande, de Zélande, d'Utrecht et la noblesse de Gueldre : ce fut la fameuse *Union d'Utrecht*, qui proclamait en principe la liberté des cultes, mais qui en réalité avait pour but la domination du protestantisme.

Lorsque les confédérés se furent ainsi séparés, le duc de Parme jugea que le moment d'agir était arrivé. Il assiégea et prit Maëstricht, conclut un traité d'alliance avec les Malcontents, reçut la soumission de Malines et de Bois-le-Duc, enfin se rendit maître de Tournai, malgré la résistance de Marie de Lalaing, princesse d'Épinoy, qui, en l'absence de son mari, défendit la ville avec la vaillance la plus chevaleresque.

Les succès de Farnèse effrayèrent les États. L'autorité royale se rétablissait partout, et les forces des confédérés, si compactes un an auparavant, se trouvaient réduites à quelques faibles garnisons qu'on n'avait même plus les moyens de solder. Le prince d'Orange voyait le pouvoir qu'il avait si long-temps rêvé lui échapper des mains. Alors il proposa aux États, sur lesquels il conservait une haute influence, d'offrir la souveraineté des Pays-Bas au duc d'Alençon en décrétant la déchéance du roi d'Espagne. Cette audacieuse résolution fut adoptée au mois de mai 1580. Le Taciturne s'était flatté de diriger à son gré le prince français, jeune homme d'un caractère faible à la vérité, mais d'une âme ambitieuse. A peine inauguré comme duc de Brabant et comte de Flandre, d'Alençon, peu satisfait de l'autorité précaire dont il jouissait, tourna ses armes contre la liberté des Belges, et ne craignit pas de faire attaquer les villes fortes par les hommes d'armes français qui y tenaient garnison. Ils éprouvèrent en plusieurs endroits de rudes échecs; car la bourgeoisie n'avait pas perdu le sentiment de son antique indépendance et de sa force. A Anvers, où le duc se

trouvait en personne, ses gens avaient envahi une des portes, et se répandaient déjà dans les rues, en criant : « Ville gagnée! tue! tue! » Tout à coup les bourgeois tombent sur eux, en font un grand carnage, les poursuivent et les chassent. D'Alençon lui-même est obligé de fuir honteusement. Cet échec lui causa un violent dépit. Il se retira à Dunkerque ; puis passa en France, où il succomba l'année suivante à une maladie de langueur : il n'était âgé que de 28 ans.

La fortune se montrait de nouveau favorable à Farnèse. Durant le séjour du duc d'Alençon en Belgique, il se tint prudemment sur la défensive. Quand il vit l'intervention française ruinée, il conduisit son armée en Flandre, et presque toutes les villes se rangèrent sous son obéissance. Vers la même époque, arriva un événement qui était de nature à faciliter la pacification de la Belgique. Le Taciturne, retiré depuis quelque temps à Delft, y fut assassiné, le 10 juillet 1584, par un jeune Franc-Comtois, nommé Balthasar Gérard, qu'une exaltation fanatique avait, paraît-il, poussé à ce crime. Les provinces septentrionales, privées de chef, ne purent soutenir les villes qui en Belgique résistaient encore. Gand, où la révolte était toujours fomentée par Hembyse et Ryhove, se soumit au duc de Parme le 17 septembre, et, au mois de mars 1585, Bruxelles, où les protestants dominaient depuis six ans, fut contrainte de remettre ses clefs au lieutenant du roi d'Espagne.

Mais Farnèse n'ignorait pas qu'en Belgique surtout la force des armes seule était insuffisante pour rétablir la paix et la prospérité. Il usa d'une sage douceur envers les villes conquises, confirma leurs anciens priviléges, et accorda une amnistie générale ; il rétablit le culte catholique troublé si violemment en quelques endroits par les protestants, et la bourgeoisie se montra vivement reconnaissante envers un vainqueur qui savait enfin allier la modération à la valeur et conserver dans le succès une prudente sagesse.

Cependant il restait à l'insurrection un puissant boulevard ; c'était Anvers. Les États, alors réfugiés en Hollande, avaient fait de cette ville leur place d'armes, et communiquaient par elle avec les provinces du midi. Il devenait donc très-important de s'en rendre maître. Farnèse commença le blocus d'Anvers par la construction du fort de Calloo ; puis il conçut le projet gigantesque de fermer l'Escaut en jetant un pont sur ce fleuve, de Calloo à Ordam, c'est-à-dire sur une largeur de deux mille quatre cents pas. Ses ingénieurs exécutèrent cette audacieuse entreprise avec autant d'habileté que de promptitude. En vain les habitants lancèrent-ils contre le pont d'énormes brûlots ; ils ne purent le détruire, et ne réussirent pas mieux à forcer la digue qui couvrait le camp de Farnèse, et que celui-ci défendait avec d'autant plus de courage que la rupture de cette digue l'eût englouti sous les eaux, lui et toute son armée. La ville d'Anvers, affamée et désespérant de la résistance, capitula le 16 août 1585, et fut traitée avec non moins de faveur que les autres villes conquises des Pays-Bas.

Ainsi la Belgique actuelle rentra sous le pouvoir de Philippe II, grâce à l'habileté du duc de Parme ; mais les conquêtes de ce vaillant capitaine n'allèrent pas plus loin, et les provinces septentrionales conservèrent leur indépendance. A la mort de Guillaume de Nassau, les États de Hollande avaient donné le commandement de l'armée à Maurice de Nassau, fils du Taciturne. Maurice était un homme non moins remarquable que son père ; il parvint à consolider la république des Pays-Bas et à résister à Farnèse, lorsque le roi d'Espagne ordonna à ce dernier de diriger ses efforts contre l'Angleterre, alliée de la Hollande. Philippe II, considérant la soumission des Pays-Bas comme impossible tant que ses ennemis seraient soutenus par les peuples voisins, avait résolu une descente en Angleterre, et armé à cet effet une flotte de cent quarante bâtiments montés par plus de vingt mille hommes. Cette flotte, nommée l'*Armada*, devait être soutenue par celle que le duc de Parme était chargé

d'équiper dans les ports flamands. Mais les marins anglais et hollandais déjouèrent ces projets. L'armée de Farnèse fut bloquée à Dunkerque, et l'*Armada*, dispersée par les tempêtes, fut contrainte de faire le tour des îles Britanniques pour regagner les côtes d'Espagne, où elle n'arriva que tristement délabrée.

Peu de temps après, Farnèse reçut l'ordre de marcher contre les protestants français qui assiégeaient Paris et Rouen. Il exécuta cette tâche périlleuse avec honneur, et dégagea ces deux villes nonobstant l'héroïsme du brave Henri IV. Ces expéditions mirent le comble à la réputation militaire du duc de Parme ; mais elles lui furent mortelles. Épuisé, comme son aïeul Charles-Quint, par les fatigues d'une vie trop pleine, il succomba dans l'abbaye de Saint-Vaast d'Arras, le 3 décembre 1592, à l'âge de quarante-huit ans.

Tandis que la Belgique se trouvait encore une fois sur une pente fatale, Philippe II songeait à la séparer de ses États et à en faire une souveraineté particulière ; il choisit pour successeur de Farnèse son propre neveu l'archiduc Ernest d'Autriche, projetant de lui donner bientôt la main de sa fille Isabelle avec les Pays-Bas pour apanage. L'archiduc, jeune homme doux et mélancolique, vint prendre possession de son gouvernement en 1594. A peine un an s'était-il écoulé qu'Ernest mourut de chagrin d'avoir quitté l'Espagne où il avait été élevé, pour assister aux succès des Hollandais, et aux scènes déplorables de confusion et de désordre qui affligeaient de nouveau la Belgique. L'archiduc Albert, son frère, fut désigné pour le remplacer. C'était un des princes les plus braves et les plus intelligents qu'eût fournis la maison d'Autriche, et il avait captivé la confiance de son oncle. Destiné dès son jeune âge à l'Église, Albert était devenu archevêque de Tolède et cardinal ; mais il avait acquis l'expérience des affaires et l'habitude de gouverner en remplissant les fonctions de vice-roi de Portugal. Pour l'aider à pacifier les Pays-Bas, le roi lui avait donné un renfort de trois mille vétérans et une somme en lingots d'or qu'on estimait valoir au moins quatre millions de ducats. La nouvelle des richesses que le gouverneur apportait attira dans son armée une foule de vieux soldats; et ses premières expéditions furent marquées par autant de succès : il conquit Calais, Arras et Hulst. Il fut moins heureux en 1597. Maurice de Nassau, fils du Taciturne, lui tailla en pièces un corps de troupes qui couvrait Turnhout; et le roi de France Henri IV ressaisit la ville d'Amiens qu'avait surprise un officier espagnol.

Bientôt l'archiduc renonça, d'après l'autorisation du souverain pontife, aux dignités ecclésiastiques dont il était revêtu, et épousa l'infante Isabelle. Le mariage eut lieu à Valence le 18 avril 1599, et, le 6 mai suivant, l'acte de cession solennelle des Pays-Bas fut signé à Madrid. Le roi d'Espagne renonçait à tous ses droits sur la Belgique et la Bourgogne en faveur de sa fille et des enfants qui naîtraient d'elle. Le maintien de la religion catholique et l'intégrité des provinces formaient la condition principale de cette négociation. Les deux époux avaient à peine pris possession de la Belgique comme souverains, que Philippe II mourut dans sa soixante-douzième année et après un règne de quarante-trois ans. Il ne laissait qu'un fils, Philippe III, alors âgé de vingt ans.

L'archiduc Albert signala le commencement de son règne en attaquant les princes Ernest et Maurice de Nassau, qui étaient débarqués près de Nieuport. Il fit d'abord essuyer une défaite sanglante au corps d'armée commandé par Ernest ; mais il fut moins heureux contre Maurice. Les troupes de ce dernier se trouvaient resserrées entre la mer et les dunes. Lorsque l'archiduc arriva en tête de forces considérables, Maurice, qui avait fait éloigner ses navires, dit à ses soldats : « Vous voyez, mes amis, qu'il faut vous faire jour en combattant ou boire l'eau salée. » Dans cette alternative, les Hollandais n'hésitèrent pas; ils se précipitèrent à la charge avec la plus vive ardeur, et remportèrent la victoire non sans perdre néanmoins une grande quantité de monde. L'archiduc s'était conduit en vaillant guerrier; il était blessé au visage; presque tous ses officiers avaient péri. Il reconduisit les débris de son armée à Bruges, laissant trois mille hommes sur le champ de bataille.

Albert reprit bientôt l'offensive. Lorsqu'il eut réorganisé ses forces, il forma le siége d'Ostende, dont les Hollandais étaient restés jusqu'alors les maîtres et que la Belgique était jalouse de recouvrer. La résistance d'Ostende est célèbre dans l'histoire; elle ne se rendit qu'au bout de trois ans, grâce à la valeur opiniâtre d'Albert et au génie intrépide de son amiral Ambroise Spinola. Mais cette conquête coûta aux Belges plus de soixante-douze mille hommes et des sommes énormes.

Dès lors la guerre traîna en longueur par suite de l'épuisement des deux partis. Les Belges désiraient la paix; les Hollandais la désiraient aussi; mais ils manifestaient beaucoup de froideur et de défiance. Albert fit les premières ouvertures; et, après de longs pourparlers, que les exigences de Maurice semblaient devoir rendre interminables, on convint d'un armistice de huit mois. Dans cet intervalle, le roi de France Henri IV et Jacques Ier, roi d'Angleterre, intervinrent en médiateurs, et parvinrent, non sans de grandes peines, à conclure entre les parties belligérantes une trêve de douze ans ; elle fut signée à Anvers, le 9 avril 1609, et la Belgique, agitée par quarante années de guerres et de troubles, ne tarda pas à ressentir les heureux effets de cette pacification. L'armée d'abord fut diminuée, et l'on renvoya dans leur pays les troupes espagnoles, dont les excès avaient maintes fois ensanglanté les rues et les places publiques des cités flamandes et brabançonnes.

Albert et Isabelle remirent alors en vigueur les lois et règlements, qui, durant la guerre, étaient tombés en désuétude. Les coutumes locales furent réformées, modifiées ; en un mot mises en harmonie avec la marche des événements et les progrès de l'esprit humain.

En 1611, on publia l'Édit perpétuel, qui fixait les points principaux de la jurisprudence du pays ; et la sage administration des archiducs ne tarda pas à produire les plus heureux fruits. Bientôt l'on vit les plaies de la Belgique se cicatriser, l'ordre se rétablir partout, la religion et les mœurs refleurir à l'ombre de la paix ; les églises, que la fureur barbare . des protestants venait de dépouiller de tous les objets d'art dont la foi et la civilisation les avaient enrichies, sortirent de leurs ruines ; les villes et les campagnes se repeuplèrent ; l'industrie et le commerce reprirent peu à peu une vigueur nouvelle ; les beaux-arts enfin , négligés au milieu des malheurs publics, recouvrèrent leur ancien éclat. Ce fut alors que Rubens, aimé,

encouragé par Albert et Isabelle, mit au jour ses plus admirables chefs-d'œuvre; alors que la sculpture et la gravure rivalisèrent de perfection avec les peintures des grands maîtres; alors que l'imprimerie, qui s'était si merveilleusement développée sous les efforts du célèbre Plantin, refleurit à Anvers chez Moretus. L'archiduc et sa femme montraient une vive sollicitude pour tout ce qui pouvait augmenter le bien-être et rehausser la gloire des Belges; ils ne négligeaient rien pour conquérir l'amour de leurs nouveaux sujets. Pleins de douceur et d'affabilité, ils allaient tantôt visiter les artistes célèbres dans leurs ateliers, tantôt assister aux leçons des savants et des érudits de Louvain, tantôt participer aux divertissements populaires, laissant partout des témoignages de leur munificence, des souvenirs de leur aimable patriotisme. On vit un jour la princesse disputer elle-même le prix de l'adresse dans un concours d'arbalétriers, et abattre l'oiseau aux applaudissements des bourgeois ébahis. La petite cour de Bruxelles était imposante par une dignité sans morgue, par une courtoisie sans bassesse, et les citoyens entouraient de leurs hommages et de leur affection des souverains dont la grandeur était fondée sur les qualités les plus nobles de l'esprit et du cœur.

Malheureusement pour la Belgique Albert et Isabelle n'avaient point d'enfants. Or il avait été stipulé que les Pays-Bas devaient retourner à l'Espagne par la mort d'Albert sans postérité. Ce règne pacifique et réparateur était donc subordonné à l'existence du prince et à l'expiration prochaine de la trêve avec la Hollande. Maurice de Nassau avait fait rejeter par les États de son pays toute proposition de paix. Les hostilités avaient à peine commencé, que la mort de Philippe III et surtout celle de l'archiduc Albert, arrivée en 1621, replongèrent la Belgique dans un abîme de calamités. L'autorité restait aux mains de l'infante Isabelle, à qui le roi Philippe IV, en montant sur le trône d'Espagne, avait laissé le gouvernement de la Belgique. Cette veuve infortunée déploya autant d'activité que de courage dans les circonstances difficiles où la Providence venait de la placer. Mais la guerre contre la Hollande fut désastreuse. On prit Breda ; mais on perdit tour à tour Venloo, Bois-le-Duc, Ruremonde et Maëstricht. Vainement Isabelle montrait-elle un infatigable zèle pour ranimer les forces de la Belgique épuisée, créer des ressources et parer les coups du sort. La marine hollandaise interceptait l'arrivée des convois venant d'Espagne, s'emparait des trésors destinés à la Belgique et que les vaisseaux du roi apportaient d'Amérique. Les ennemis s'enrichissaient de l'argent destiné à les combattre, tournaient contre la Belgique les armes dont ils devaient être eux-mêmes frappés. La détresse publique était si grande lorsque Isabelle descendit dans la tombe, douze ans après son mari, qu'on ne put rendre à cette princesse les honneurs funèbres dus à sa naissance et à son rang, et ce fut sans pompe et obscurément que la petite-fille de Charles-Quint prit possession de son dernier asile.

La perte d'Isabelle causa en Belgique une douleur universelle. Tout espoir de bonheur s'évanouissait. Les négociations que cette princesse avait entamées avec la Hollande étaient interrompues. On allait retomber dans la malheureuse situation où l'on s'était déjà trouvé, et perdre tous les fruits d'une administration paternelle. La fortune enfin continuait à se montrer contre les Belges implacable et cruelle.

Cependant le roi Philippe IV avait appelé au gouvernement de la Belgique un prince digne à tous égards de remplir cette mission difficile : c'était son propre frère Ferdinand d'Espagne, cardinal et archevêque de Tolède. Ferdinand se trouve dès l'abord placé devant les circonstances les plus alarmantes. La France et la Hollande avaient conclu un traité secret pour démembrer et se partager la Belgique ; et au moment où le royal gouverneur prenait possession du pays (1635), les forces des deux puissances envahissaient ensemble le Brabant : le prince d'Orange Frédéric-Henri les commandait. Le cardinal n'avait qu'un petit nombre de soldats pour résister à cette double armée ; néanmoins il ne se découragea point, et mesura le danger avec autant de sang-froid que d'intrépidité. Arschot, Diest, Tirlemont tombent successivement au pouvoir des alliés ; de sanglants excès signalent ces prises, et les populations, sortant d'une sorte de léthargie, s'arment enfin, et se soulèvent avec la rage du désespoir contre l'agression étrangère. Les habitants de Louvain surtout suppléèrent à la faiblesse de leurs murailles par une admirable énergie, et arrêtèrent la marche des conquérants. Bientôt la mésintelligence éclata entre les Français et les Hollandais ; leurs troupes se divisèrent ; les opérations perdirent leur ensemble, et le cardinal-infant put alors reprendre l'offensive avec succès et délivrer le territoire.

L'année suivante Ferdinand se por^t sur la

frontière de France ; il la ravagea, et se rendit maître de quelques places en Picardie. La guerre se poursuivit avec des chances diverses ; les Belges perdirent Breda, mais ils gagnèrent Venloo et Ruremonde. Le cardinal faisait bravement tête à l'orage, malgré l'épuisement du pays et la puissance de ses ennemis. Mais l'année 1640 fut fatale à l'Espagne. Ce fut alors que les Catalans se soulevèrent ; que le Portugal proclama son indépendance. Le contre-coup de ces révolutions se fit sentir jusqu'en Belgique. Les troupes françaises s'emparèrent d'Arras. Ferdinand attachait un très-haut prix à la conservation de cette place importante et l'avait défendue jusqu'à la dernière extrémité. On dit que le chagrin de se l'être vu enlever le conduisit au tombeau. Le fait est qu'il mourut peu de jours après à l'âge de trente-trois ans.

Son successeur, don Francisco de Mello, vieux capitaine portugais d'un talent éprouvé, continua la guerre en France, et y obtint même quelques avantages en 1642. L'année suivante, le jeune duc d'Enghien, si fameux depuis sous le nom du grand Condé, lui fit subir devant Rocroy une défaite sanglante. Les vieilles bandes espagnoles, aguerries par cent combats, ne purent soutenir le choc de l'armée française entraînée sur les pas de son vaillant capitaine ; elles furent presque entièrement anéanties ; et Condé conquit dès-lors cette renommée brillante qu'il n'aurait jamais dû ternir en abandonnant le drapeau de son pays.

Piccolomini, général italien, passé du service de l'empereur à celui du roi d'Espagne, succéda à de Mello en 1644. Il défendit avec vigueur l'Artois et la Flandre ; mais, circonvenu de toutes parts, il ne put empêcher Frédéric-Henri de Nassau de s'emparer du Sas de Gand et de Hulst, ni les troupes de Louis XIV d'enlever Gravelines, Courtrai, Bergues et Dunkerque.

L'Espagne épuisée manquait de soutiens ; sa puissance dans les Pays-Bas s'annulait de plus en plus devant la puissance française qui menaçait de tout envahir. La Hollande elle-même était effrayée de la grandeur de son alliée ; une fois la conquête de la Belgique achevée, elle craignait de voir le drapeau victorieux du grand roi toucher à ses frontières, et elle aima mieux se rapprocher de l'Espagne que de subir un si redoutable voisinage. Un congrès européen se réunit à Munster, en 1648, pour traiter d'une paix générale. Les députés des Provinces-Unies et ceux de l'Espagne y conclurent un arrangement qui faisait à la vérité cesser la guerre avec la Hollande ; mais qui sacrifiait les intérêts commerciaux de la Belgique, en décidant la fermeture de l'Escaut du côté de la mer. Ainsi ce fleuve magnifique, naguère source de vie et de prospérité, n'offrait plus aux villes de Gand et d'Anvers qu'un stérile ornement, et l'on ne devait plus voir flotter dans son cours majestueux ces milliers de navires qui, pendant des siècles, avaient apporté aux Belges la fortune et la civilisation.

Piccolomini ayant été rappelé en 1647, l'ar-

chiduc Léopold, fils de l'empereur Ferdinand II, prit le gouvernement des Pays-Bas.
Le traité de Munster n'avait point suspendu la
lutte contre la France ; et Léopold se vit obligé
de combattre les armées françaises, dont les
progrès devenaient de plus en plus effrayants.
Il reconquit plusieurs villes de Flandre ; mais,
le 20 août 1648, Condé lui fit subir dans les
plaines de Lens un terrible échec. L'existence
de la Belgique fut alors gravement compromise;
et il fallut les troubles de la Fronde, qui éclatèrent en France à cette époque, pour paraly-
ser les résultats probables de la victoire de
Lens. Bientôt après Condé se jeta dans le parti
des mécontents. Forcé par Turenne de se réfu-
gier dans les Pays-Bas, il offrit ses services au
roi d'Espagne, et porta les armes contre sa
patrie pour défendre la contrée qu'il combat-
tait naguère avec tant de vigueur et de gloire.
Les Belges obtinrent quelques triomphes sous
la conduite du grand Condé. Mais devant le
génie de cet homme s'en élevait un autre non
moins remarquable et beaucoup plus pur.
Turenne ne tarda pas à rendre la supériorité
aux armes françaises devant Arras. L'Alliance
avec l'Angleterre, conclue par Mazarin, acheva
de détruire en Europe l'ancienne prépondé-

rance des maisons réunies d'Autriche et d'Espagne.

En vain don Juan, fils naturel du roi d'Espagne et successeur de l'archiduc Léopold, essaya-t-il de concert avec Condé de poursuivre la lutte. Ils obtinrent d'abord des succès partiels; néanmoins la bataille des Dunes, près de Dunkerque, gagnée par Turenne, fit tomber presque toute la Flandre au pouvoir des Français. Alors Philippe IV, dont le royaume épuisé n'offrait plus de ressources, implora la paix en offrant sa fille Marie-Thérèse à Louis XIV. Cette paix célèbre des Pyrénées fut conclue le 7 novembre 1659. Peu de temps après le jeune roi épousa l'infante d'Espagne, à laquelle on donnait pour dot le comté d'Artois, une partie considérable de la Flandre et du Hainaut et plusieurs villes du Luxembourg.

« A partir de ce moment, la Belgique, convoitée par la France comme une proie et faiblement secourue par l'Espagne ruinée, ne fut plus en quelque sorte que le théâtre des campagnes de Louis XIV. Le récit détaillé de ces campagnes appartient moins à l'histoire des Pays-Bas qu'à celle de l'Europe, puisque les Belges, gouvernés par des étrangers et n'ayant pas même un drapeau qui fût à eux, semblaient n'être que spectateurs de l'envahissement de leur pays et de la lutte des puissances environnantes. La vie politique avait cessé pour la nation souffrante. Les villes se renfermaient dans les soins de l'ordre intérieur et des affaires domestiques. Loin de faire des efforts pour leur défense, elles pliaient sous la tempête ; et on eût dit que, blessées trop profondément, elles ne cherchaient plus que l'inaction et l'immobilité (1). »

Et en effet Louis XIV, comme Philippe-Auguste et Philippe-le-Bel, ambitionnant une conquête qui eût ajouté un si beau fleuron à la couronne de France, ne négligeait rien pour se l'assurer tout entière, soit par les armes, soit par les négociations. A la mort de Philippe IV, père de sa femme, le monarque français prétendit avoir des droits sur le Brabant et le Limbourg ; et, comme on les lui contestait, il envahit la Flandre et le Hainaut. L'Angleterre, la Hollande et la Suède s'alarmèrent de cette démonstration, et leur attitude amena la conclusion du traité d'Aix-la-Chapelle, fort avantageux en définitive pour Louis XIV, puisqu'il sut se faire adjuger, outre les provinces qu'il possédait déjà

(1) M. Moke.

en Belgique, les villes de Charleroi, Binche, Ath, Douai, Tournai, Lille, Audenarde, Courtrai, Furnes et Bergues (1668).

Le grand roi attaqua la Hollande quatre ans après. Il s'était assuré de l'alliance de l'Angleterre et de la Suède. Presque toutes les Provinces-Unies furent subjuguées dans l'intervalle d'une campagne aussi rapide que glorieuse. Les Hollandais ne trouvèrent de salut qu'en ouvrant les écluses et inondant une partie de la contrée ; ils aimèrent mieux voir les flots maîtres de leur pays que les Français. Un autre événement les tira du danger. L'Empire et l'Espapagne s'étant émus des progrès de Louis XIV, dont la puissance était alors redoutable à l'Europe entière, lui déclarèrent la guerre, et joignirent une nombreuse armée à celle des États de la Hollande. D'un autre côté, l'Angleterre et la Suède rompirent l'alliance ; et les Français se tinrent sur la défensive dans les places fortes qui commandaient la Meuse, la Sambre et l'Escaut, et qui, pour la plupart, étaient en leur pouvoir.

Pendant cinq ans les malheureuses provinces belges devinrent le théâtre de la guerre acharnée que les alliés livrèrent aux Français. Ceux-ci furent partout victorieux, la majeure partie des villes furent prises et le pays livré au pillage. En 1678, Louis XIV vint en personne commander ses armées. Il assiégea lui-même et enleva Gand et Ypres, ces deux boulevards

de la Flandre. Quand les parties belligérantes furent fatiguées de combattre, ce fut encore Louis XIV qui dicta les conditions de la paix : ses conquêtes lui en avaient donné le droit. Le traité fut signé à Nimègue, le 17 septembre 1678 : et plusieurs villes du Hainaut et de la

Flandre grossirent le nombre des possessions de Louis, en lui donnant le désir d'occuper en maître tout le pays.

Il ne tarda pas à envahir de nouveau la Flandre et le Luxembourg, ce qui força les puissances européennes à rentrer dans la lice. Guillaume III, prince d'Orange et stathouder de Hollande, venait de monter sur le trône d'Angleterre, d'où il avait renversé Jacques II, son beau-père. Il devint le chef des armées alliées contre la France. Si la coalition n'avait jamais été plus formidable, la valeur française ne se montra jamais plus brillante que dans cette mémorable campagne. La plaine célèbre de Fleurus vit alors le premier des triomphes dont elle devait être le théâtre. Stinkerque et Nerwinde furent bientôt après témoins de succès non moins éclatants, tandis que Louis en personne s'emparait de Mons et de Namur. Le génie de Vauban, en multipliant les moyens de destruction et de défense, assurait à son prince une immense supériorité sur ses ennemis ; et ces derniers furent terrifiés quand ils apprirent qu'en moins de deux jours l'artillerie française avait écrasé et réduit en cendres à Bruxelles quatre mille maisons ou édifices.

La paix de Riswick, conclue en 1687, suspendit encore une fois cette terrible guerre ; et la Belgique, couverte de tant de plaies, exténuée par tant de batailles, put respirer un moment.

Mais cet intervalle de repos ne fut pas long. Charles II, le dernier des faibles descendants de Charles-Quint, n'avait point d'enfants. Ce prince, d'une santé languissante, s'inclinait lentement vers la tombe, et sa succession formait l'objet des convoitises opposées de la maison de France et de la maison d'Autriche. L'influence de Louis XIV l'emporta ; et Charles II signa, au mois d'octobre 1700, un testament par lequel il instituait pour héritier de la monarchie espagnole Philippe, duc d'Anjou, petit-fils de Louis XIV et de Marie-Thérèse. C'est ainsi que la famille illustre des Bourbons alla s'asseoir sur le trône d'Espagne, et que se réalisa cette parole, trop souvent démentie depuis lors : *Il n'y a plus de Pyrénées !*

L'avénement du jeune prince, sous le nom de Philippe V, fut accepté par les Pays Bas, ce qui n'empêcha point une ligue puissante de se former bientôt contre le nouveau souverain et contre son aïeul. La mort de Guillaume III, roi d'Angleterre, et de l'empereur Léopold Ier ne put même arrêter les effets de cette coalition ; et la Belgique redevint pour la centième fois le champ de bataille de l'Europe.

On sait combien la fortune de Louis XIV déclina vers les dernières années d'un règne qui avait été si prospère et si glorieux. Le prince Eugène et Marlborough reconquirent presque toute la Belgique. La misère régnait en France ; les finances étaient dans le plus triste épuisement, enfin le roi se trouvait menacé d'une vieillesse malheureuse. On tenta des ouvertures de paix en 1709 ; elles furent rejetées. Tout s'annonçait sous de funestes auspices, lorsque l'Angleterre se détacha de la ligue. Les Français reprirent alors l'offensive ; et la célèbre bataille de Denain, gagnée en 1711 par Villars, sauva la gloire des fleurs de lis et raffermit le trône ébranlé de Louis XIV. Trois ans après, le traité de Rastadt confirma les bases de la paix générale posées au congrès d'Utrecht. Les Pays-Bas espagnols furent réintégrés à la maison d'Autriche ; mais la France conserva en définitive une partie du Hainaut, la Flandre wallonne et l'Artois, qui forment aujourd'hui trois des plus belles provinces du royaume.

Délivrée pour un moment du fléau de la guerre, la Belgique fut bientôt agitée par des secousses intestines, suscitées par diverses causes. En attribuant les Pays-Bas à l'Autriche, le traité de Rastadt portait que l'empereur ne prendrait possession du pays qu'après s'être arrangé avec la Hollande au sujet des frontières, qu'on voulait mettre en sûreté contre les entreprises de la France. Un traité fut conclu à Anvers, en 1715, par lequel les Hollandais obtinrent le privilége exorbitant de mettre garnison dans toutes les villes de la Belgique situées près des possessions françaises. Cet arrangement, connu sous le nom de traité de la Barrière, causa un vif déplaisir aux Belges, et ils le manifestèrent à l'égard des gouverneurs qui leur furent envoyés, et surtout du marquis de Prié, homme intelligent, mais impérieux et ignorant des coutumes et des idées du peuple qu'il devait régir.

Des troubles graves éclatèrent en Brabant : Malines, Anvers refusèrent l'impôt, et s'en tinrent à une opposition passive; mais à Bruxelles la résistance prit un caractère violent. Les mutins se soulevèrent, réclamant les armes à la main le rétablissement de leurs anciens priviléges. La Chancellerie et les maisons de plusieurs magistrats furent saccagées et pillées (1718). Le gouverneur se vit contraint de céder sur tous les points aux exigences de la bourgeoisie ; il ne

le fit néanmoins qu'en frémissant de colère.
« Ce pays perdra ses priviléges, dit-il, ou ses
priviléges le perdront. » Il manda un corps
nombreux de troupes allemandes ; et lorsqu'il
fut assuré de leur appui, il mit à exécution ses
projets de vengeance. On arrêta plusieurs des
révoltés et cinq des doyens ou chefs des métiers.
Quatre de ceux-ci furent condamnés à l'exil,
le cinquième à la mort : c'était un vieillard de
soixante-dix ans, nommé François Agneessens,

IV.   3

dont la profession consistait à fabriquer de grosses chaises en cuir. Malgré l'humilité de son état, Agneessens était syndic de la *nation de Saint-Nicolas*, laquelle se composait de cinq métiers ; il était aimé et considéré dans la ville de Bruxelles comme un homme de bien et comme un vertueux patriote. Protestant de son innocence, il s'avança vers l'échafaud avec une tranquillité d'âme qui ne se démentit pas un seul instant. « Vous m'avez condamné, dit-il à ses juges ; mais il y a là-haut un tribunal supérieur à celui des hommes : aussi je meurs sans crainte, comme j'ai vécu sans reproche. » Et il tendit sa tête au bourreau. Le peuple le pleura comme un martyr de la liberté, et, dans toutes les églises de Bruxelles, on célébra solennellement un service funèbre à sa mémoire.

Le marquis de Prié avait commencé comme le duc d'Albe ; mais il chercha d'abord à faire oublier un acte d'excessive rigueur, pour ne point dire de cruauté, en donnant ses soins au développement du commerce et de l'industrie. C'est à lui que l'on doit la création de la compagnie belge des Indes. Antérieurement, les denrées précieuses, fournies par les Indes orientales, n'arrivaient en Belgique que par l'intermédiaire des Hollandais. Le marquis de Prié eut la pensée d'établir, par le port d'Ostende, des relations directes avec ces lointaines contrées. Plusieurs navires furent expédiés ; ce genre d'armement prospérait ; l'avenir de la compagnie était brillant ; mais l'Angleterre, qui n'a jamais souffert de rivalité et qui, dans son propre intérêt, sait exciter si habilement les antipathies réciproques des nations, l'Angleterre alarma les États de Hollande, et les poussa à se joindre à elle pour réclamer énergiquement la suppression de l'entreprise indo-belge. L'empereur Charles VI eut la faiblesse d'accéder à cette jalouse susceptibilité ; et la Belgique perdit une source de richesses qu'elle n'a jamais pu recouvrer.

Rappelé par l'empereur, le marquis de Prié fut remplacé par l'archiduchesse Marie-Élisabeth, femme pieuse et bonne, qui se fit aimer des Belges pendant les seize années qu'elle vécut au milieu d'eux. La paix régnait alors ; l'industrieuse activité des populations ramenait le bien-être au sein des villes et des campagnes ; mais il y avait beaucoup à faire pour effacer entièrement les traces des précédents désastres. Malgré sa bonne volonté, l'archiduchesse manquait de cette énergie politique qui sait du même coup réparer et prévenir le mal. Ainsi, les finances restèrent en désordre, l'administration ne se rétablit point sur des bases solides, le commerce ne put reprendre tout le développement désirable. L'archiduchesse enfin n'emporta pas au tombeau la satisfaction d'avoir assuré le bonheur des Belges. D'ailleurs, de nouveaux orages politiques, qu'elle était impuissante à conjurer, s'amoncelaient à l'horizon ; et ils éclatèrent peu de temps après qu'elle eut fermé les yeux (1741).

L'empereur Charles VI n'avait point de fils ; et voyant sa succession mal assurée à sa fille Marie-Thérèse, il avait essayé de prévenir toute contestation à ce sujet en publiant, sous le nom de *pragmatique sanction*, un édit par lequel tous ses états héréditaires devaient passer à ses descendants mâles et, à défaut, à ses filles préférablement à ses héritiers collatéraux. Cette disposition fut approuvée par les principales puissances de l'Europe. Mais à peine l'empereur fut-il mort que la lutte éclata. La Belgique avait d'abord été considérée comme neutre. Malheureusement une sorte de fatalité faisait toujours de cette terre le champ-clos des nations, la lice où les peuples aimaient à s'entr'égorger.

Au mois d'avril 1744 cent mille Français y

entrèrent en ennemis, tandis que les Anglais et les Hollandais accouraient pour la protéger. La fameuse bataille de Fontenoy rendit Louis XV maître de la contrée ; mais, en 1748, le traité d'Aix-la-Chapelle restitua les Pays-Bas catholiques à Marie-Thérèse d'Autriche, fille de Charles VI, et son beau-frère, Charles de Lorraine, en reçut le gouvernement.

« Il y avait beaucoup à faire pour relever la Belgique de l'état d'accablement et d'inertie où l'avaient précipitée les désastres précédents. La nation avait cessé d'être riche ; et, si elle était restée laborieuse, si elle suppléait par l'économie à la perte de l'opulence, il faut avouer que l'activité qui accomplit les grandes choses semblait éteinte avec le mouvement intellectuel qui les prépare. Les lettres et les arts avaient presque disparu. L'affaissement avait amené une sorte de froideur et de mollesse sous laquelle s'effaçait en quelque sorte la noblesse et la vigueur du caractère national. Il y a pour les peuples des époques d'engourdissement qui succèdent comme un moment de sommeil à des fatigues excessives. Le réveil de la Belgique devait commencer sous Marie-Thérèse. Non contente de rétablir l'ordre dans l'administration, de doubler les revenus du pays, qui s'élevèrent bientôt à seize millions de florins, d'encourager tous les efforts de l'agriculture et de l'industrie, el'e voulut assurer les progrès de la civilisation en répandant les lumières de la science. Elle établit des colléges dans les principales villes, une école militaire à Anvers, une Académie à Bruxelles. Elle honora les beaux-arts et applaudit au zèle de Charles de Lorraine qui les protégeait. Sévère pour quelques abus qui auraient nui à l'Église et à la religion, elle donnait l'exemple du respect pour les choses sacrées et exerçait autant d'influence sur ses sujets par ses vertus que par sa haute sagesse. Aussi devint-elle l'objet d'une vénération et d'un amour sans bornes, et les vingt dernières années de son règne ont été regardées, avec raison, comme l'époque la plus heureuse dont nos pères eussent conservé le souvenir.... Cette grande princesse et le duc Charles de Lorraine s'éteignirent la même année (1780), pleurés tous deux des Belges, auxquels cette double perte semblait présager le terme de leur bonheur (1). »

Et en effet, l'empereur Joseph II s'était montré d'abord favorable à l'indépendance des provinces belgiques ; mais ce prince, imbu des

(1) M. Moke.

fausses doctrines du philosophisme, imagina, sous le nom de réforme, les plus funestes bouleversements. En 1784, il essaya de toucher aux institutions religieuses, de modifier l'administration civile et l'organisation judiciaire. Le mécontentement et la résistance ne tardèrent pas à éclater dans un pays où la foi et l'amour des vieilles libertés avaient de si profondes racines. Les violences de Joseph II redoublèrent; il cassa les états du Hainaut, de Malines et du Brabant; exila une foule de citoyens. Une armée autrichienne, commandée par un général fougueux et brutal, nommé d'Alton, vint en Belgique pour soutenir les actes du despote voltairien. Mais l'impulsion était donnée; l'insurrection éclatait sur tous les points. Les patriotes belges, sous la conduite de Jean Van der Meersch de Menin, décrètent la déchéance de Joseph II, et battent, au mois d'octobre 1789, les Autrichiens à Turnhout; le soulèvement devenant général, ces derniers furent forcés d'évacuer le sol de la Belgique. Les députés proclament alors l'indépendance des *États-Belgiques-Réunis*.

Sur ces entrefaites, Joseph II mourut, et l'empire fut dévolu à son frère Léopold II, grand-duc de Toscane. Ce prince chercha à ressaisir en Belgique le pouvoir que Joseph avait perdu par sa faute. Comme il arrive presque toujours dans les révolutions, la concorde était loin de régner parmi les Belges. Van der Meersch victorieux prétendait dicter la loi aux états. Ceux-ci donnèrent le commandement des forces au général prussien Schœnfeld, et le chef patriote fut incarcéré à la citadelle d'Anvers. Léopold crut le moment favorable pour faire avancer en Belgique une nouvelle armée. Elle pénétra sans peine jusqu'à Bruxelles ; car les Belges, désorganisés, n'avaient opposé qu'une faible résistance. Les ministres des puissances signèrent à la Haye un traité qui garantissait à l'empereur la souveraineté de la Belgique et le rétablissement des anciennes institutions de ce pays. Le monarque paraissait disposé à être agréable aux Belges ; et le calme se fût peut-être rétabli sous son règne, si une mort prématurée ne l'eût enlevé le 1er mars 1792.

En ce moment la France était violemment agitée par la tourmente révolutionnaire. Le nouvel empereur François II faisait avancer ses troupes sur le Rhin et sur la Meuse. La Belgique redevint alors le champ de bataille de l'Europe. Deux armées françaises se jettent d'abord, l'une sur Mons, l'autre sur Tournai ; elles sont repoussées, tandis que le duc Albert de Saxe-Teschen bombarde Lille, et est forcé de lever le siége grâce à l'héroïsme de ses habitants. Le 6 novembre, Dumouriez remporte sur les alliés la célèbre victoire de Jemmapes, dont la conquête de la Belgique fut le résultat. La campagne suivante, les Français, qui occupaient Aix-la-Chapelle, Maëstricht, Liége et Hui sont forcés de se replier vers les frontières ; la défaite de Dumouriez à Nerwinde rend la Belgique à l'Autriche. En 1794, l'empereur François II se met lui-même à la tête de ses troupes ; et deux armées républicaines envahissent une seconde fois la Belgique. Battus en diverses rencontres ; puis écrasés dans la plaine célèbre de Fleurus, le 27 juin 1794, les Autrichiens se voient contraints de repasser le Rhin. La victoire de Fleurus et la prise de Charleroi assurent aux Français la conquête définitive de la Belgique.

Ce pays, qui, depuis des siècles, avait été l'objet de tant de convoitise de la part de ses voisins, se voyait enfin incorporé à la France, qui lui imposa ses lois et son organisation politique.

Les Pays-Bas autrichiens et la principauté de

Liége furent divisés en neuf départements, ainsi nommés : de l'*Escaut* (Flandre-Orientale), de la *Lys* (West-Flandre), de *Jemmapes* (Hainaut), de la *Dyle* (Brabant), des *Deux-Nèthes* (Anvers), de *Sambre-et-Meuse* (Namur), des *Forêts* (Luxembourg), de l'*Ourthe* (Liége), de la *Meuse-Inférieure* (Limbourg).

Depuis la réunion, l'histoire de la Belgique s'identifie avec la nôtre. Elle avait été le berceau de la gloire militaire de la république ; elle fut le tombeau de celle de l'empire.

Après le désastre de Waterloo, la Belgique

recouvra son indépendance nationale, et les décisions du congrès de Vienne en date du 7 juin 1815 la réunirent à la Hollande pour former le royaume des Pays-Bas sous la domination de Guillaume, prince d'Orange-Nassau, lequel fut inauguré avec pompe à Bruxelles le 21 septembre 1815. Mais chaque fois que, sous un même sceptre, se trouvent réunis des peuples différents de religion, de mœurs et de langage, il se révèle tôt ou tard entre eux des antipathies qui aboutissent presque toujours à une rupture violente. C'est ce qui arriva en 1830; et des causes à peu près semblables à celles qui avaient chassé Joseph II amenèrent le démembrement des Pays-Bas et la déchéance de la dynastie des Nassau en Belgique.

Le gouvernement provisoire institué après les fameuses journées de septembre convoqua un congrès national qui élut pour roi le duc de Nemours, fils du roi des Français. Le duc ne crut point devoir accepter, et le 4 juin 1831 le prince Léopold de Saxe Cobourg fut proclamé roi des Belges. Enfin le traité du 15 novembre 1831, signé à Londres par les plénipotentiaires des puissances médiatrices, la France, l'Angleterre, l'Autriche, la Prusse et la Russie, et ratifié seulement en 1839 par la Belgique et la Hollande assura un rang à la Belgique parmi les États européens et consacra le nouvel ordre de choses.

Rétablie dans une partie de ses anciennes limites, la Belgique est aujourd'hui bornée au nord par la Hollande, à l'est par le Limbourg hollandais, la Prusse rhénane et le Luxembourg hollandais ; au sud et à l'ouest par la France, au nord-ouest par la mer du Nord. Sa plus grande longueur est, du nord-ouest au sud-est, entre Ostende et Arlon, de 200 kilomètres ou 50 lieues, et sa plus grande largeur, du nord au sud, de 140 kilomètres ou 35 lieues, entre Turnhout et Chimay. Sa superficie est de 2,945,493 hectares, dont 2,000,000 environ en terres cultivées, 400,000 en bois et forêts, 18,000 en terrains bâtis et le reste en eaux, marécages et terrains incultes. La population est de 4,000,000 d'habitants, dont la presque totalité professent la religion catholique romaine.

Le pays se divise en neuf provinces. Celle d'Anvers au nord, la Flandre orientale, la Flandre occidentale et le Hainaut à l'ouest ; le Brabant au centre ; le Luxembourg et Liége à l'est ; Namur au sud ; le Luxembourg au sud-est.

Deux grands fleuves arrosent la Belgique : l'Escaut et la Meuse. L'Escaut prend sa source au mont Saint-Martin, au nord de la France, traverse Tournay, reçoit à Gand la Lys, à Termonde, le Rupel, passe devant Anvers, et va en Hollande se jeter dans la mer du Nord. La Meuse entre en Belgique au-dessous de Givet, passe à Dinant, se grossit des eaux de la Sambre à Namur, de celle de l'Ourthe à Liége, et pénètre en Hollande aux environs de Maëstricht.

« Le climat de la Belgique, dit un écrivain qui a fort bien décrit la contrée (1), est tempéré, quoique sujet à de fréquentes variations; l'air y est généralement pur et salubre, si ce n'est sur les bords de la mer du Nord.

» Le sol est plat dans le nord et accidenté dans les provinces méridionales : il est partout fertile et bien cultivé. Les Flandres et la province d'Anvers offrent des plaines immenses et de riches prairies; les pays de Liége, de Namur et de Luxembourg sont coupés de montagnes boisées et de vallons délicieux, ornés de nombreuses maisons de campagne. Ils peuve t se comparer, sous beaucoup de rapports, aux

(1) A. Perrier, *Guide du voyageur en Belgique.*

plus belles parties de la Normandie; et les bords de la Meuse ne sont pas moins pittoresques ni moins variés que ceux de la Seine.

» La culture de la terre est poussée en Belgique au plus haut point de perfection, et les cinq sixièmes du territoire sont exploités d'une manière profitable sans compter les routes, canaux, rivières et étangs. On y récolte des grains de toute espèce, du lin, du chanvre, du houblon, du colza, de la garance, du tabac, des légumes en grande quantité. Quelques endroits des provinces méridionales produisent des vins très-légers, mais d'un goût assez agréable. Il y a dans le Hainaut et dans le pays de Liége des mines de houille très-riches, et qui forment une branche considérable d'exportation. Les provinces de Hainaut, de Namur, de Liége et de Luxembourg possèdent des mines de fer et de quelques autres métaux ou minerais, tels que le plomb, le cuivre, le zinc, l'alun, etc. On y rencontre aussi des carrières de marbre, de pierre de taille et de pierre à chaux.

» L'industrie manufacturière acquiert chaque jour plus de développement en Belgique. Ses principales usines sont des fonderies de fer et d'acier, de tôle, de fer-blanc, de cuivre et de zinc. Elle a des manufactures d'armes, de machines, de quincaillerie, de coutellerie, d'orfévrerie, de bijouterie, de voitures, de poteries, de porcelaines, de verres, glaces et cristaux ; des fabriques de draps de laine, de coton, de toiles ; d'étoffes de soie, de velours, de tapis, de dentelles et de tulles ; des distilleries, des papeteries, des imprimeries, des bonneteries, des teintureries, des blanchisseries de toile et de cire, des raffineries de sucre et de sel, des fabriques de produits chimiques, d'huile, de savon, etc.

» Le bois des forêts immenses qui couvrent en partie la province de Luxembourg est réduit en charbon et sert au travail du fer ; les écorces forment une branche de commerce, et sont exportées principalement en Angleterre.

» La Belgique possède deux ports de mer, Ostende et Anvers ; ce dernier est un des plus beaux et des plus sûrs de l'Europe. Ses places fortes sont : Mons, Ath, Tournai, Audenarde, Courtrai, Menin, Ypres, Furnes, Nieuport, Ostende, Termonde, Anvers, Lierre, Hasselt, Namur, Charleroi, Philippeville et Mariembourg.

» Les Belges sont en général simples, économes, patients et laborieux. On ne doit attribuer qu'à leur activité et à leur persévérance l'état florissant du pays et l'abondance de ses richesses. Ils ont su, par un travail assidu, vaincre la résistance de la nature ; et il n'est pas de sol si ingrat et si stérile dont ils ne viennent à bout de tirer parti.

» Le génie des Belges est naturellement porté vers les opérations commerciales et industrielles. Ils ont une grande aptitude pour les spéculations, et apportent dans leurs relations beaucoup de droiture et de loyauté. Jaloux à l'excès de leurs droits et de leurs libertés, ils ne peuvent supporter les mauvais traitements, l'injustice ni l'arbitraire. L'amour de la patrie est héréditaire chez eux ; les autres peuples leur reprochent même de le pousser trop loin, et les accusent d'égoïsme national. Chaque commune a son organisation particulière, indépendante, et se tient toujours en garde contre les empiétements de la centralisation. La constitution que les Belges se sont donnée en 1831 est la plus libérale de l'Europe.

» Le roi est le chef de l'État ; l'aîné de ses fils lui succède. Le pouvoir est exercé par le roi, le sénat et la chambre des représentants. Les ministres, nommés par le roi, sont responsables.

» Il y a cinquante-un sénateurs et cent deux

repiésentants du peuple. Pour être élu sénateur il faut être Be'ge, avoir quarante ans et
payer 2,000 francs d'impôts. Pour être élu représentant il suffit d'être Belge et d'être âgé de
vingt-cinq ans. Les sénateurs sont élus pour huit
ans et les représentants pour quatre ans. Ceux-
ci jouissent d'une allocation de 200 florins
(423 fr. 28 c.) par mois, pendant le temps des
sessions, à moins qu'ils n'aient leur domicile
habituel à Bruxelles.

» Tout citoyen belge est électeur dès qu'il
est âgé de vingt-cinq ans, et qu'il paye une
contribution qui varie, selon les localités, de

IV.   4

40 à 160 fr. Il y a un représentant sur trente-neuf mille neuf cent cinquante-huit habitants et quatre cent soixante - dix - huit électeurs ; il y a un sénateur sur soixante - dix - neuf mille trois cent vingt-cinq habitants et neuf cent soixante - douze électeurs. On compte seize électeurs sur mille habitants des villes et onze sur mille habitants des campagnes. — La Grande-Bretagne compte un député sur trente-six mille cinq cent vingt habitants et la France un sur soixante-dix mille neuf cent quatre-vingt, la Grande-Bretagne un électeur sur vingt-neuf habitants (1832) et la France un sur cent soixante-dix-sept (1834).

» Il n'y a en Belgique ni priviléges ni monopoles ; toutes les industries, toutes les opinions, toutes les associations sont libres.

» Les couleurs nationales sont le rouge, le jaune et le noir ; les armes sont : de sable au lion contourné d'or, avec cette légende : *L'union fait la force.*

» L'impôt voté annuellement par les chambres varie de cent à cent dix millions de francs. La liste civile est fixée, pour la durée du règne de Léopold, à la somme de 1,300,000 florins (2,751,332 fr. 75 c.). L'armée, sur le pied de guerre, dépasse le chiffre de cent vingt mille hommes. On compte un soldat sur trente-sept habitants. (En France un soldat sur cent six habitants ; en Angleterre, un sur deux cent vingt-neuf ; en Prusse, un sur quarante-six ; dans le reste de l'Allemagne, un sur cent.) La garde civique réunit en outre tous les hommes de vingt-un à cinquante ans.

» Le ministère se compose des départements de l'intérieur, des finances, de la justice, des affaires étrangères, de la guerre et des travaux publics.

» Chaque province, divisée en districts, est administrée par un gouverneur, un conseil provincial et une députation permanente. Chaque district est administré par un commissaire. Le premier magistrat de chaque commune est le bourgmestre ; il est secondé dans les villes par des échevins et un conseil de régence, et dans les campagnes par des assesseurs et un conseil communal.

» Chaque district forme un arrondissement judiciaire, qui a un tribunal de première instance. Trois cours d'appel siégent à Bruxelles, à Liége et à Gand, et une cour de cassation dans la capitale. Les affaires criminelles et les délits de la presse sont jugés par le jury en cour d'assises, les délits militaires sont du ressort du conseil de guerre.

» L'instruction est libre. Deux universités sont entretenues aux frais de l'État : l'une à Gand, l'autre à Liége. Bruxelles a une université libre ; l'antique et célèbre université de Louvain a été organisée sous le titre d'Université catholique.

» On se sert en Belgique du système de monnaies usité en France, l'unité monétaire est le *franc*. Les pièces de cuivre sont de 2, de 5 et de dix centimes ; celles d'argent de 25 et de 50 centimes, de 1, de 2 et de 5 francs.

» Le royaume possède six diocèses dépendants du siége métropolitain de Malines. La juridiction du diocèse de Malines, érigé en 1559, s'étend sur les provinces d'Anvers et de Brabant. L'archevêque de Malines est en outre revêtu de la dignité de primat de Belgique. L'évêché de Gand, institué en 1559, en Flandre orientale ; celui de Liége, qui remonte au quatrième siècle, a dans sa juridiction les provinces de Liége et de Limbourg ; le diocèse de Tournai, qui date du cinquième siècle, embrasse la province de Hainaut ; celui de Namur, la province de Namur et le grand-duché de Luxembourg ; celui de Bruges, enfin, la Flandre occidentale.

» On ne compte pas moins de trois cent trente-trois communautés religieuses en Belgique, dont quarante-deux d'hommes et deux cent quatre-vingt-onze de femmes, ainsi réparties par diocèse: Malines, quatre-vingt-six ; Gand, soixante-cinq ; Liége, vingt-cinq ; Namur, douze ; Tournai, cinquante ; Bruges, quatre-vingt-quinze. Ces trois cent trente-trois communautés se répartissent ainsi : cent vingt-une hospitalières, cent trente-huit enseignantes, soixante-dix contemplatives, une de mission et trois de prédication. Les communautés contemplatives ne contiennent chacune guère plus de dix personnes. Le seul diocèse de Malines comprend plus de la moitié de ces établissements ; le diocèse de Tournai n'en possède qu'un ; le diocèse de Namur n'en a pas un seul. »

Comme on le peut voir par les détails ci-dessus, il y a une assez grande analogie entre la Belgique et la France sous le rapport du gouvernement et de l'administration publique. Mais là ne se borne point la conformité. La langue française est en Belgique la langue officielle. Elle est parlée dans toute l'étendue du royaume par les hautes classes de la société. Néanmoins le flamand domine dans les deux Flandres, dans la province d'Anvers, dans le Limbourg et dans une partie du Brabant ; en Hainaut et dans les provinces de Liége, Namur et Luxembourg on n'entend que le français, et le patois populaire est l'ancien langage tel qu'il est parlé dans le nord de la France et que l'on connaît sous le nom d'idiome wallon.

Mons, Tournay, Liége, Namur sont des villes toutes françaises de langage, de mœurs, de coutumes, et lorsqu'on parcourt les rues de ces belles cités, on ne s'aperçoit qu'on est en pays étranger qu'au drapeau qui surmonte les édifices, qu'à l'uniforme des troupes de la garnison. Il n'en est pas tout à fait de même dans les villes flamandes ou brabançonnes, à Courtrai, à Ypres, à Bruges, à Gand, à Anvers, à Bruxelles, à Louvain, à Malines. Là on se trouve au milieu d'un peuple qui a conservé son originalité : tels nous avons dépeint les Flamands au moyen âge, tels ils se retrouvent aujourd'hui. Si le costume s'est un peu modifié, le parler, les manières, les usages, le caractère national n'ont guère changé. Ce sont toujours ces mêmes gens froids, laborieux, amis du foyer, amis surtout de la propreté et du confortable, qualités qui se reflètent dans les cités tudesques de la Belgique et leur donne une physionomie qu'on aime à voir. Tout reluit, tout est net, depuis le somptueux hôtel du bourgmestre jusqu'au plus humble logis de l'artisan. Les villages eux-mêmes et les champs semblent être toujours en toilette. Mais ce n'est pas sous ce point de vue seulement que la Belgique actuelle mérite d'être envisagée.

« Peu de mes compatriotes, dit mistress Trollope, connaissent les richesses de tout genre que cette contrée offre à l'intérêt et aux délices des voyageurs, pourvu toutefois qu'ils ne soient pas décidés à se rendre en poste sur les rives du Rhin, et qu'ils aient le temps de s'arrêter et de regarder autour d'eux. Les amateurs de la peinture savent que la Flandre possède plus d'un chef-d'œuvre de cet art, les amateurs de vieux monuments n'ignorent point que les Pays-Bas sont renommés pour leurs édifices gothiques. Cependant, bien peu de nos *touristes* font en Belgique un assez long séjour pour jouir pleinement de ce qui peut flatter le goût de l'artiste et éveiller l'enthousiasme de l'antiquaire dans ce pays. En quel coin de l'Europe pourrait-on rencontrer une constellation d'anciennes cités, telles que Bruges, Gand, Anvers, Louvain, Bruxelles, Namur et Liége? chacune d'elles servant de commentaire à l'histoire des autres, et toutes rassemblées dans un si petit espace, qu'elles peuvent être visitées successivement et revisitées cinq ou six fois dans le cours de quelques semaines, et en moins de temps peut-être qu'il n'en faudrait pour atteindre à l'un d s rendez-vous de baigneurs ou de buveurs d'eau les plus à la mode.

» Il n'est pas aisé de se former une idée des mœurs d'un pays pendant un séjour de quelques semaines, et en fréquentant les seules sociétés accessibles aux étrangers bien recommandés, parmi lesquels on trouve la politesse, les bonnes manières, qui distinguent les gens bien élevés dans toutes les parties de l'Europe, mais fort peu de ces petites particularités qui constituent la physionomie nationale. Je pris donc quelque peine, et non sans succès, pour jeter un coup d'œil derrière la scène, et ce que j'ai pu observer ainsi m'a fait voir la plus grande conformité sous le rapport des habitudes et du caractère entre la race présente et les portraits que l'histoire a conservés de ses ancêtres.

» On dirait que l'air et le sol étendent leur influence jusque sur les tailleurs, les bonnetiers et les cordonniers, qui reproduisent presque les mêmes formes, emploient les mêmes couleurs, travaillent sur les mêmes matériaux depuis un temps immémorial. L'ouvrier lui-même, le robuste tisserand, bien vêtu, de bonne mine, est encore ce qu'il était jadis; et l'on reconnaît dans le paysan de Flandre, qui porte sur ses traits l'empreinte nationale plus fortement marquée qu'on ne la trouve chez aucun autre peuple, le modèle des personnages rendus avec tant de vérité dans les admirables tableaux de l'école flamande.

» Les campagnes de la Sambre et de la Meuse sont telles que peut les souhaiter l'amateur le plus passionné de beaux paysages. Quelques vues des environs de Liége soutiendraient la comparaison avec toutes les scènes naturelles du même genre, et je ne crois pas avoir jamais vu de vallée préférable à celle de Chaudfontaine.

» A ces attraits pittoresques, il faut ajouter l'admirable fertilité de la terre, dans les cantons de grande culture. Quand la Flandre ne pourrait offrir aucun autre intérêt, le spectacle de ses riches plaines serait encore suffisant pour attirer les voyageurs. C'est assurément un digne objet de curiosité que de voir quelle quantité de grains peut être produite par un espace de terrain donné, et la Belgique résout cette question de la manière la plus satisfaisante.

» L'Angleterre et la France ont de beaux champs de blé, leurs prairies sont abondantes et riches, mais en Flandre les produits ruraux viennent à profusion, et les épis forment une masse solide.

» Bref, la Belgique est un beau petit royaume, et ce qu'il renferme lui donne un rang parmi les États du continent très-supérieur à celui que justifierait son peu d'étendue. »

Il est vrai, ce royaume est fort restreint, si on le compare aux autres monarchies de l'Europe; mais nulle part on ne trouve, sur un espace aussi borné, plus de vie, plus d'activité, plus d'opulence. En embrassant d'un vaste coup d'œil ce théâtre de tant dé révolutions, de tant de gloires et de tant de misères, on éprouve tout à la fois la satisfaction et l'étonnement. Partout l'ordre et le travail, partout le bien-être et l'abondance. Les antiques monuments de la nationalité belge, religieux et civils, cathédrales ou hôtels de-ville, beffrois ou palais sont restés debout pour la plupart et attestent la grandeur passée du peuple qui les a érigés; les monuments nouveaux prouvent que ce peuple n'a point perdu le sentiment de sa force et qu'il est jaloux d'en laisser le souvenir aux âges futurs. Pliant enfin son front si long-temps indompté au joug d'une constitution uniforme, mais franchement libérale et en harmonie avec les besoins et les mœurs de l'époque, le Belge a pris l'initiative dans l'exécution des grandes choses créées par le génie moderne, et l'Europe n'a pas vu sans admiration cette petite contrée, sortie à peine des luttes politiques, se couvrir de voies en fer et d'établissements industriels non moins remarquables par leurs produits que par leur vaste organisation. C'est que l'esprit d'association règne en Belgique plus qu'en nul autre lieu peut-être; c'est qu'on y veut sanctionner la nouvelle devise nationale : L'UNION FAIT LA FORCE. Puissent les Belges en restant unis, en conservant intacts la foi et le patriotisme de leurs ancêtres, maintenir et consolider le noble et glorieux héritage que ceux - ci leur ont légué !

MAISON ROYALE DE BELGIQUE.

LÉOPOLD Ier, Georges - Chrétien - Frédéric, roi des Belges, né à Cobourg le 16 décembre 1790, fils de feu le prince François-Antoine, duc de Saxe, prince de Cobourg et Saalfeld, et de feu Auguste - Caroline - Sophie, duchesse de Saxe ; veuf, le 6 novembre 1817, de la princesse Charlotte, fille du feu roi d'Angleterre Georges IV ; élu roi des Belges par le congrès de la Belgique le 4 juin 1831, accepte la couronne conditionnellement le 26 juin et définitivement le 12 juillet, est inauguré et prête le serment constitutionnel à Bruxelles, le 21 juillet 1831 ; marié le 9 août 1832, à Compiègne, à

LOUISE - Marie - Thérèse - Charlotte - Isabelle d'Orléans, fille de S. M. Louis-Philippe Ier, roi des Français, née à Palerme, le 3 avril 1812.

De ce mariage :

LÉOPOLD - Louis-Philippe-Marie-Victor , duc de Brabant, prince royal, né le 9 avril 1835.

PHILIPPE-Eugène-Ferdinand-Marie-Clément-Bauduin-Léopold-Georges, comte de Flandre, né le 24 mars 1837.

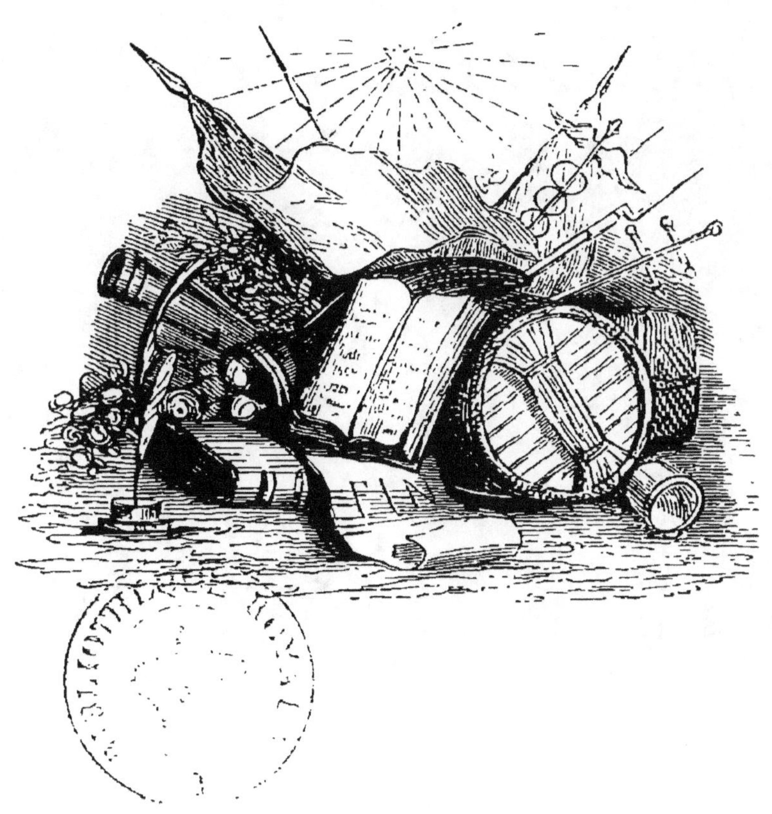

TABLE